ÀNGELS NAVARRO

¿LISTOS PARA APRENDER?

La neuroeducación en juego

ILUSTRACIONES DE
MARÍA REYES GUIJARRO

T0020811

COMBEL

Padres educadores

El desarrollo de la inteligencia es una tarea permanente e indiscutible de la educación, y la primera infancia, el momento más plástico para hacerlo. El despertar intelectual de los niños y niñas surge durante las actividades cotidianas; la familia y el mundo que los rodea están llenos de oportunidades de aprendizaje y de socialización que ayudan a aprender, a conformar la inteligencia, a desarrollar la personalidad y a crecer.

Objetivos de los cuadernos

La inteligencia es la herramienta que nos abre las puertas del mundo y, como tal, se puede y se tiene que enseñar a utilizarla. Nadie nace más o menos listo; la inteligencia no constituye una herencia que no se puede modificar y sin posibilidades de evolución. No es fija, ni única; es un proceso dinámico que se puede aprender y desarrollar desde el nacimiento hasta que morimos.

Los principales objetivos de este cuaderno van en este sentido:

- Ejercitar las habilidades y desarrollar las aptitudes que componen la inteligencia y que son la base de cualquier aprendizaje.
- Enseñar a pensar de manera eficaz, mejorando las estrategias y aumentando la eficacia del pensamiento.
- Ofrecer actividades que inciden o incidirán en las competencias básicas curriculares.
- Crear la capacidad de gestionar el aprendizaje de los niños y niñas, aprender a aprender.

Cómo funcionan los cuadernos

Los cuatro cuadernos de *¿Listos para aprender?* se dirigen a niños y niñas de 4 a 7 años. Las actividades que encontraréis están distribuidas en ocho habilidades que los psicólogos coinciden al seleccionar como indicadores de la inteligencia. Cada actividad está precedida por símbolos que indican la habilidad que desarrolla.

ATENCIÓN   RAZONAMIENTO   CONOCIMIENTO DEL ESPACIO   LENGUAJE   MEMORIA   LÓGICA NUMÉRICA   GRAFOMOTRICIDAD   CREATIVIDAD

Los enunciados son cortos y claros, y aun así los más pequeños requerirán de vuestra ayuda para entender bien la actividad. Al final de los cuadernos encontraréis las soluciones de todas las actividades, que podréis o podrán consultar cuando sea necesario.

9 claves para un buen uso de *¿Listos para aprender?*

 CLAVE 1 Es imprescindible crear unas condiciones ambientales idóneas. El espacio que establecéis para realizar las actividades tiene que estar en orden, sin juguetes ni otras cosas. El caos desequilibra y el orden resulta tranquilizador.

CLAVE 2 Es importante que haya unas condiciones temporales adecuadas. Hay que buscar el momento oportuno y de forma anticipada para no tener que correr. El adulto siempre debe estar presente mientras los niños y niñas hacen las actividades. Cada uno tiene su ritmo y hay que respetarlo. Dejadles tiempo para pensar. Lo importante no es hacerlo rápido, sino hacerlo bien.

CLAVE 3 Las condiciones psicológicas deben ser favorables. Nos interesa que los niños y niñas hagan las actividades relajados y entusiasmados. Podéis iniciar las actividades diciendo: *¡Vamos a hacer juegos de pensar!* Si creéis que están muy excitados, podéis comenzar primero con un juego motriz como correr o saltar. Si aun así veis que no se concentran, no los obliguéis: *Ya veo que hoy no es un buen día para los juegos de pensar, dejémoslo para otro momento.*

CLAVE 4 Leed vosotros los enunciados en voz alta. El primer paso para aprender es entender. Dejad que elijan las actividades que más les gusten, no es necesario seguir el orden del cuaderno. Esto puede motivarlos y puede hacerles ver que respetáis sus intereses.

 CLAVE 5 Valorad el esfuerzo y celebrad los aciertos, pero nunca recriminéis las equivocaciones. Los errores forman parte del aprendizaje. Pensad que es más importante la manera como se llega a la solución que la propia solución.

CLAVE 6 Si no dan con el resultado a la primera, no dudéis en ayudarlos. El trabajo difícil y complejo los ayudará a creer en sus posibilidades. Procurad inculcarles una actitud positiva y encarad las dificultades como una oportunidad para crecer.

 CLAVE 7 Evitad las críticas y las comparaciones. Hay muchos tipos de inteligencia; unos niños resolverán mejor un tipo de actividad y otros, otro tipo. Demostrad que confiáis en que serán capaces de resolverlas. La confianza les dará seguridad y los hará fuertes.

 CLAVE 8 Tomad parte activa en la resolución de la actividad. Preguntadles sobre lo que están haciendo para ayudarlos a razonar. Si veis que se equivocan, aceptad sus decisiones y después corregid el error juntos.

 CLAVE 9 Animadlos a explicar todo lo que han aprendido después de cada actividad. Así estimularéis la capacidad de análisis.

Mi barrio

Localiza las casas y la escuela. Anota el número dentro de los círculos.
Fíjate en el ejemplo.

1 Pedro vive en la casa azul que está cerca del autobús.
2 La casa de María y Leo está más arriba de la ambulancia.
3 La casa de Marta es la que está más abajo de la moto.
4 La familia Torres vive en la casa que hay delante de la bicicleta aparcada.
5 La escuela está detrás de la fuente del parque.

¡Vaya tráfico!

Encuentra estos vehículos: dos de color azul, uno descapotable, un camión que transporta frutas y dos coches con baca. Rodéalos con un círculo.

GRAFOMOTRICIDAD

Dibujando un camión

¿Quieres aprender a dibujar un camión en cuatro pasos? Después, píntalo.

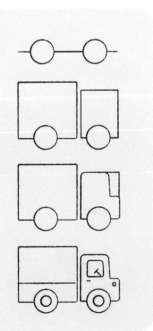

¿Quién es quién?

¿Sabrías decir quién es quién? Escríbelo debajo.
- Max no lleva calcetines.
- Rosa lleva unos calcetines del color de su nombre.
- Bruno lleva unos calcetines muy largos.
- Lina ya sabes quién es.

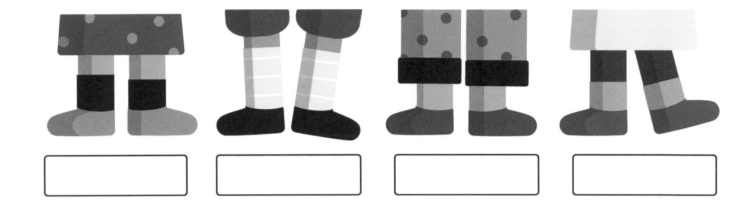

Muchos calcetines

Rodea con rojo el grupo en el que hay menos calcetines y en verde donde hay más. A continuación, completa el cuadro con el número de calcetines de cada color.

Iniciales

Repasa con el dedo los caminos que salen de cada prenda de vestir y descubrirás la inicial de su nombre.
Algunas iniciales no corresponden a ninguna prenda.

La mochila del colegio

¿Qué pondrías en la mochila del colegio?

¡Qué torres más altas!

Pinta las construcciones que ha hecho Dani con los mismos colores de los modelos. ¿Qué torre tiene menos piezas?

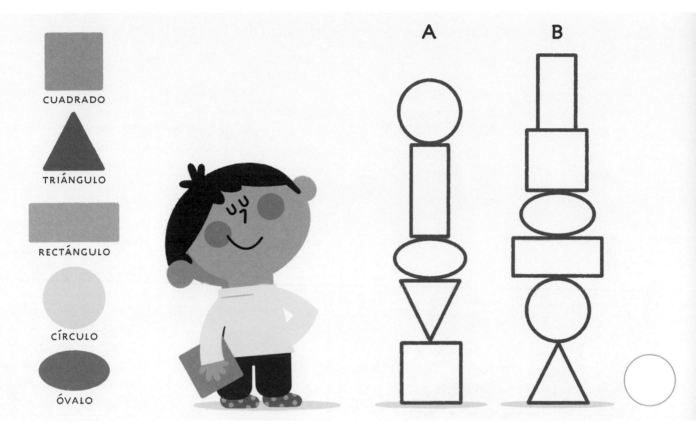

CUADRADO

TRIÁNGULO

RECTÁNGULO

CÍRCULO

ÓVALO

A   B

LÓGICA NUMÉRICA

ATENCIÓN

Todos los 5

Busca cuántos 5 hay en este lío de números.

Mi colegio

Encuentra en esta clase y rodéalos: una máquina de tren, un abrigo azul, una niña pintando, un conejo de peluche, un títere de un cerdito, una mochila roja y naranja, una planta, una pecera, una pizarra, una vaca, una cocinita y una bufanda verde.

Lo que falta

Observa los grupos de elementos de la izquierda y señala qué elemento de la derecha falta.

Figuras geométricas

Dibuja un cuadrado, un círculo y un triángulo siguiendo las flechas y repasando las líneas.

RAZONAMIENTO

Haciendo collares

Completa estos tres collares siguiendo el color y la forma de los elementos anteriores.

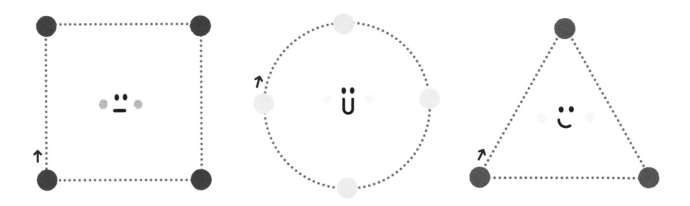

Dominó

Completa este dominó dibujando los objetos que faltan.

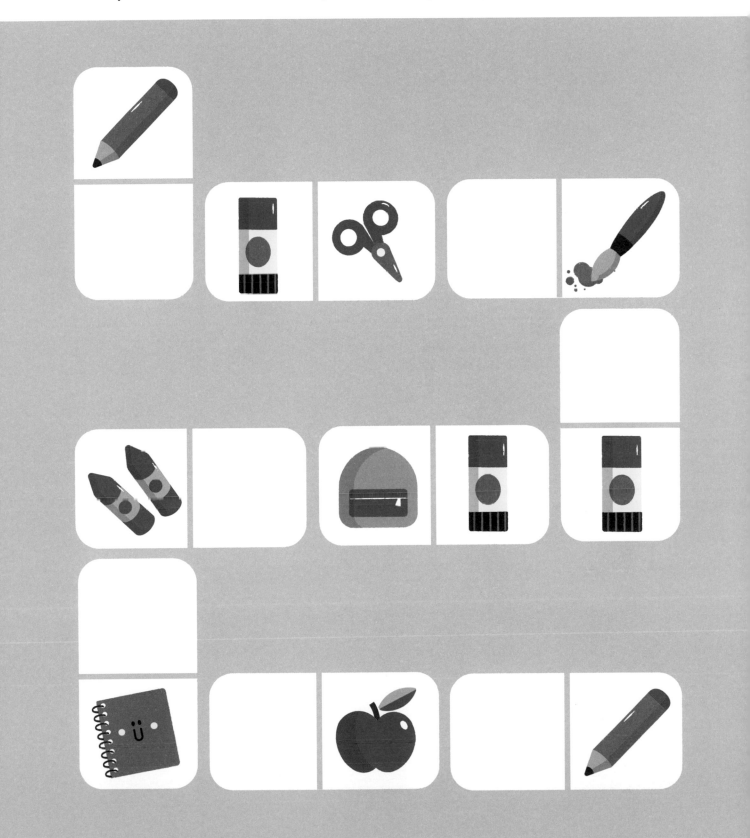

13

Tangram

¿Qué grupos de piezas de la derecha necesitas para construir los animales de la izquierda?

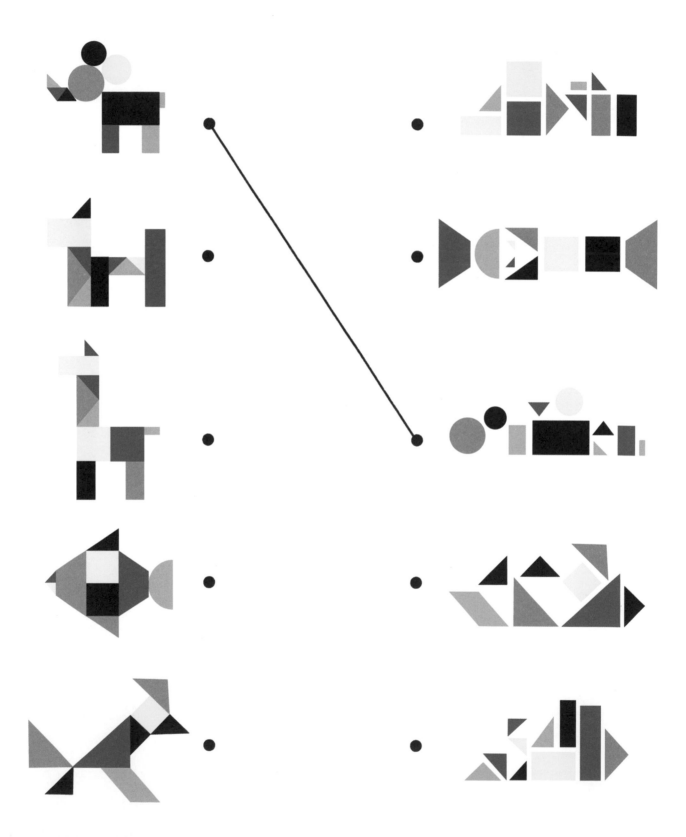

Las letras

¡Cómo me gusta escribir!

mosca   sol   pelota

Mm mmmmmmmmmmmm

Ss sssssssssssssssss

Pp ppppppppppppppp

Los números

Repasa cada número con su color.

Clase de psicomotricidad

Jugamos con pelotas en el aula de psicomotricidad.
¿Dónde se sitúa cada pelota respecto al niño o niña que la tiene?

DELANTE

DETRÁS

ENTRE

ENCIMA

DEBAJO

CERCA

LEJOS

Puntos y líneas

Reproduce en los cuadros de debajo las figuras de arriba.

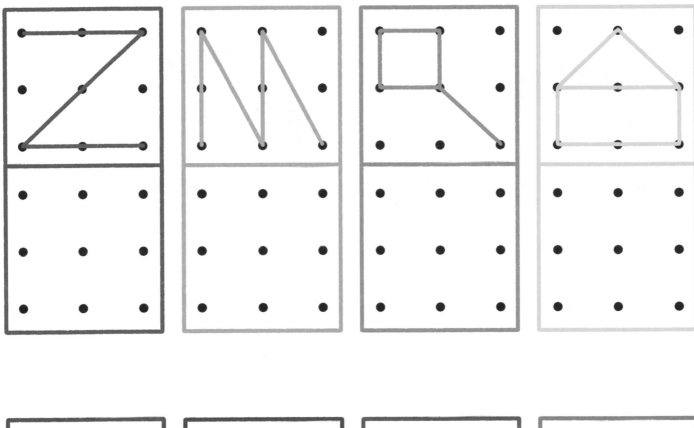

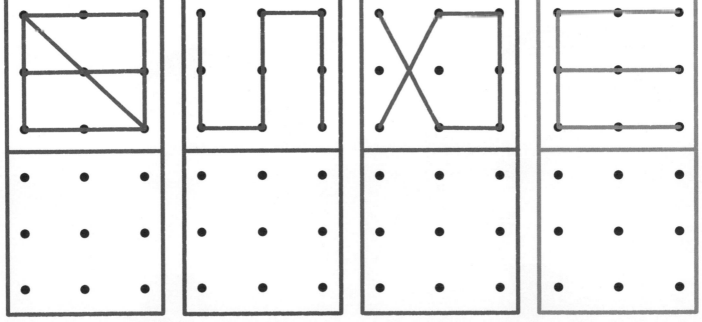

El patio del colegio

Ordena con un número estas viñetas y sabrás qué ha hecho Alma.

Los gatos de mi colegio

¡En el patio del colegio hay muchos gatos! Encuentra dos que sean iguales y rodéalos. Busca también los de color negro y los que tengan alguna mancha alrededor del ojo y rodéalos de otro color.

GRAFOMOTRICIDAD

Un mosquito pesado

¡En el patio también hay mosquitos! Repasa el camino que hace este al volar.

El comedor del colegio

Sitúa estos círculos en el lugar correcto para completar el comedor del colegio.

20

La fruta bien guardada

¿Dónde guardamos la fruta? Une cada grupo de frutas con el frutero donde están guardadas pasando por el número. Fíjate en el ejemplo.

7

3

6

5

4

El intruso

Encuentra y rodea el objeto intruso que hay en cada recuadro.

Herramientas

¿Cuáles de los objetos de la lista de debajo puedes ver en este dibujo?
Haz una marca dentro de las casillas de los que sean correctos.

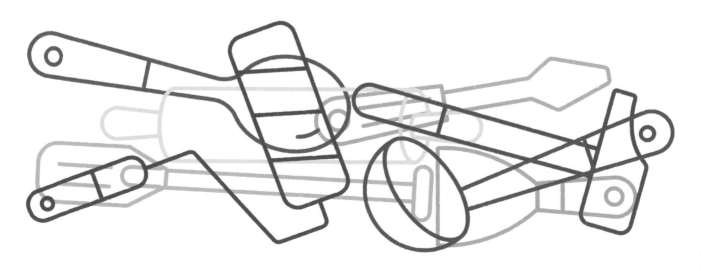

☐ MARTILLO   ☐ RAQUETA DE TENIS   ☐ PARAGUAS   ☐ REMO

Las vocales

Rodea todos los dibujos cuyo nombre empiece por una vocal.

Días de fiesta

¡Fuegos artificiales! Pinta los banderines y llena el cielo de fuegos artificiales de muchos colores.

Ascensión de globos

La fiesta continúa el día siguiente con una ascensión de globos aerostáticos. ¿Sabrías ordenarlos de mayor a menor?
Escribe un 1 en el más grande y un 5 en el más pequeño.

ATENCIÓN

Sombreritos

¿Qué dos sombreritos son iguales? Señálalos.

Fiesta infantil

¡La fiesta infantil está llena! Encuentra y rodea:

2 niñas con

3

1 niña con un

3

2 🎈 amarillos
1 niño cabeza 😴
1 niña disfrazada de 🎩

1 niño que 🎭
6 niñas con 💊 en el pelo
1 niño con 👀 tapados

La rayuela

Escribe los números que se han borrado en esta rayuela.

RAZONAMIENTO

Relaciones

Une con una línea los objetos que están relacionados.

Una mariposa original

Las mariposas tienen las alas simétricas, pero esta las tiene diferentes. Pinta el ala en blanco como a ti te guste.

¡A pescar!

Dibuja un recorrido empezando por la salida y acabando por la llegada.
Tienes que seguir los dibujos en este orden: CAÑA – ANZUELO – PEZ.
Puedes ir hacia arriba, hacia abajo, a la derecha o a la izquierda.

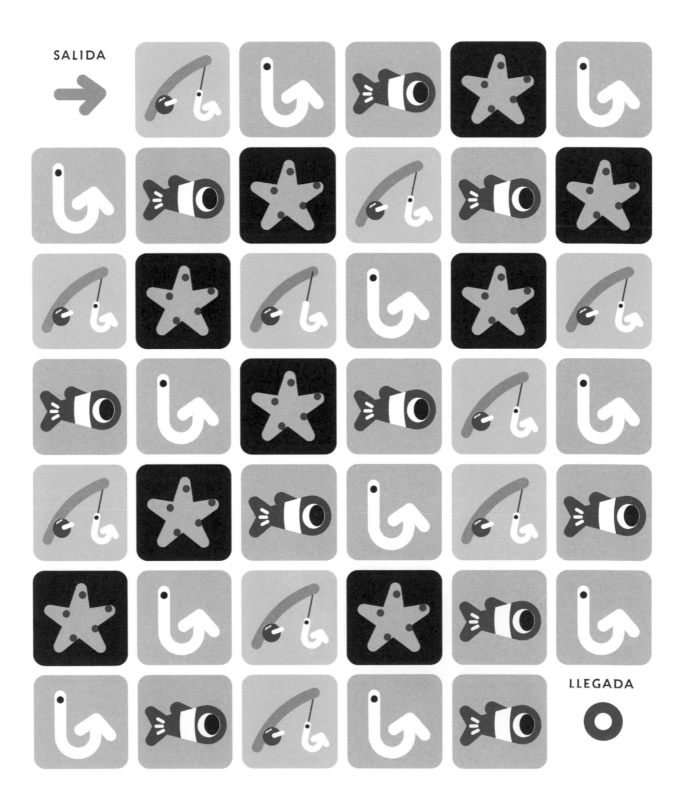

SALIDA

LLEGADA

En medio de la selva

Este cocodrilo necesita una dentadura y el león una cabellera. ¿Puedes dibujárselos? Dibuja también la selva donde viven.

Sombras

Relaciona cada animal con su sombra.

RAZONAMIENTO

¿Quiénes son?

¿Qué animal se esconde detrás de cada agujero?

¡Cuántas patas!

Indica cuántas patas tienen estos animales.

Muchas serpientes

Busca las 5 diferencias entre estos grupos de serpientes.

34

Laberinto

¿Quién llegará al árbol?

Bichitos

Busca las dos mitades que forman cada insecto y relaciónalas. Hay algunas que no tienen pareja.

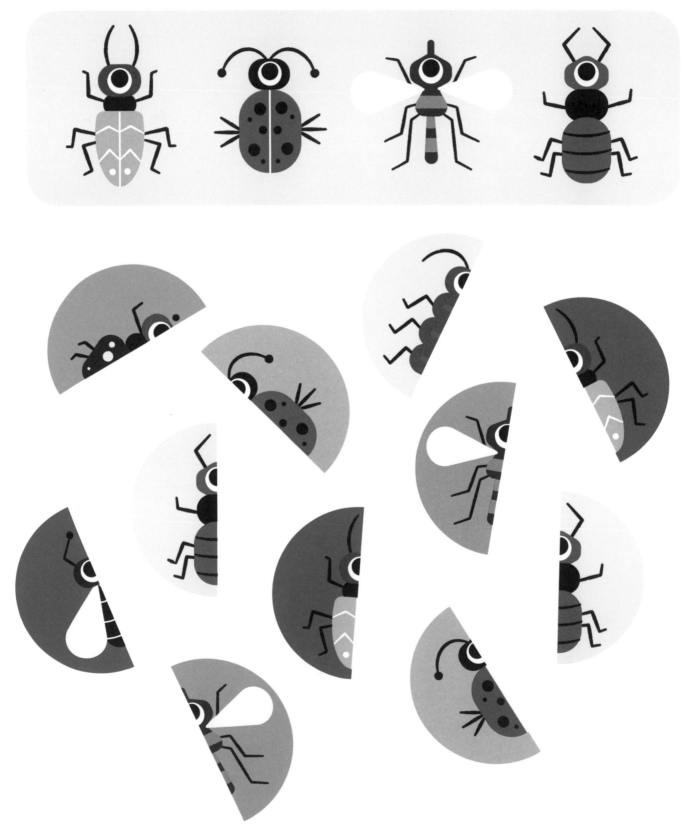

Un vestido nuevo

¿Te atreves a dibujar un traje nuevo para estos tres animales?

Simetrías

Pinta en el espacio en blanco que separa la línea los mismos cuadrados que hay en la parte izquierda, pero como si fuera un espejo. Fíjate en el ejemplo y cuenta bien los cuadros.

¿Cuántos hay?

Rodea el número de objetos que se indica en cada fila.

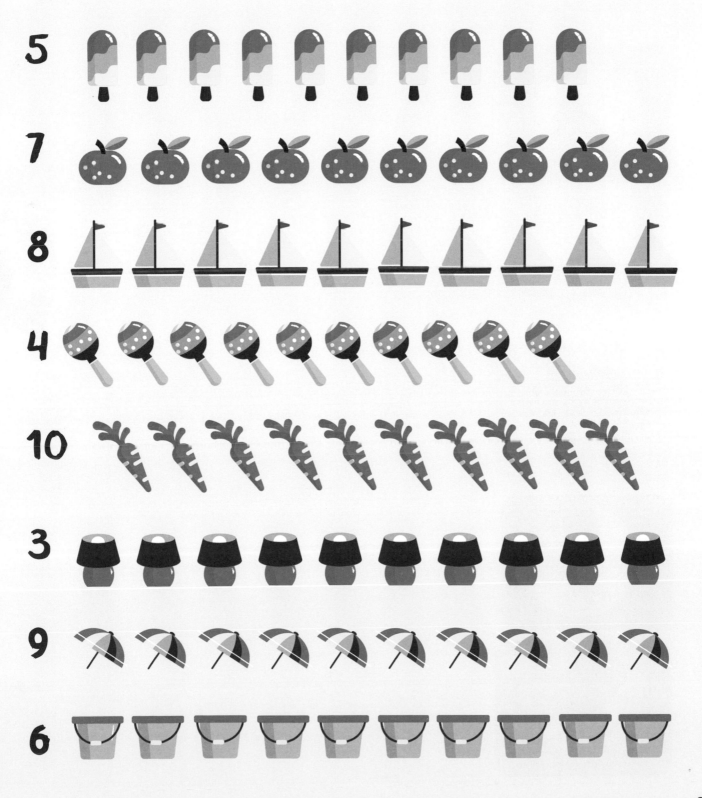

¿Cómo se escribe?

Observa con atención y colorea el recuadro donde aparece la palabra igual a la del modelo.

PELOTA	PELOTA	PELATO	PETOLA
COCODRILO	COCADRILO	COCODRILO	COCCODRILO
ÁRBOL	ÁRLOB	ÁRBEL	ÁRBOL
LUNA	LANU	LUNA	NULA
PLÁTANO	PLÁNOTA	PLÁTANU	PLÁTANO

Los caramelos

Pinta los caramelos del bote más lleno. Después, cuenta los caramelos que has pintado y rodea el número.

12

10

13

ESPACIO

La perrita de Lucía

¿Cómo se llama la perrita de Lucía? Escribe cada letra en la casilla que le corresponde y lo sabrás.

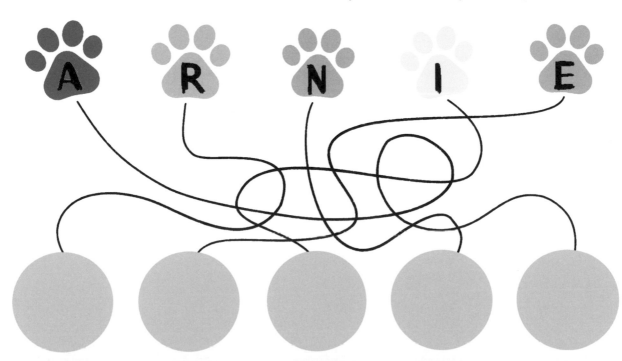

A   R   N   I   E

41

SOLUCIONES

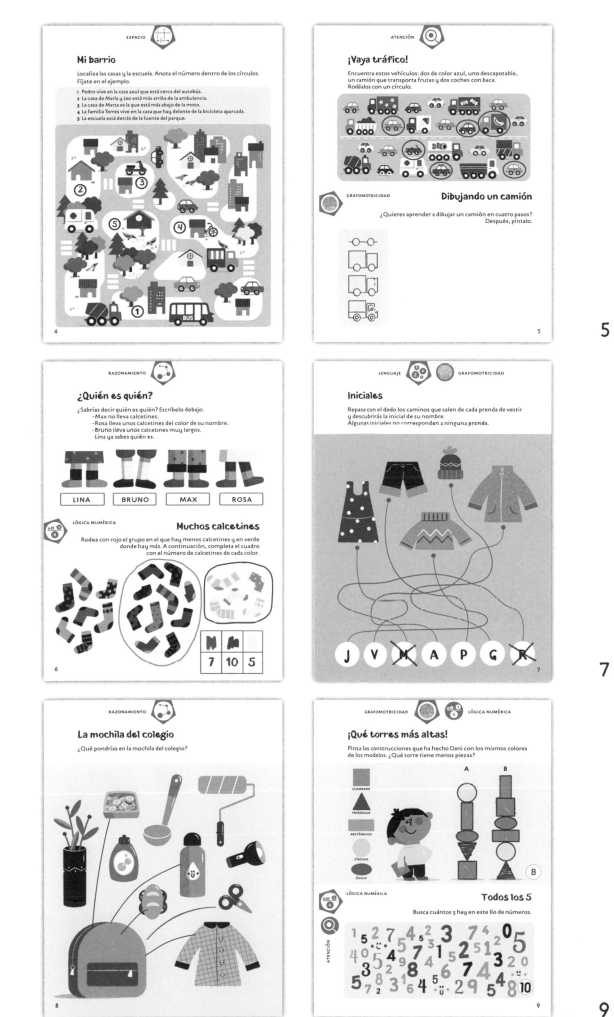

ESPACIO

Mi barrio

Localiza las casas y la escuela. Anota el número dentro de los círculos. Fíjate en el ejemplo.

1 Pedro vive en la casa azul que está cerca del autobús.
2 La casa de María y Leo está más arriba de la ambulancia.
3 La casa de Marta es la que está más abajo de la moto.
4 La familia Torres vive en la casa que hay delante de la bicicleta aparcada.
5 La escuela está detrás de la fuente del parque.

BUS

ATENCIÓN

¡Vaya tráfico!

Encuentra estos vehículos: dos de color azul, uno descapotable, un camión que transporta frutas y dos coches con baca. Rodéalos con un círculo.

GRAFOMOTRICIDAD

Dibujando un camión

¿Quieres aprender a dibujar un camión en cuatro pasos? Después, píntalo.

RAZONAMIENTO

¿Quién es quién?

¿Sabrías decir quién es quién? Escríbelo debajo.
- Max no lleva calcetines.
- Rosa lleva unos calcetines del color de su nombre.
- Bruno lleva unos calcetines muy largos.
- Lina ya sabes quién es.

| LINA | BRUNO | MAX | ROSA |

LÓGICA NUMÉRICA

Muchos calcetines

Rodea con rojo el grupo en el que hay menos calcetines y en verde donde hay más. A continuación, completa el cuadro con el número de calcetines de cada color.

| 7 | 10 | 5 |

LENGUAJE   GRAFOMOTRICIDAD

Iniciales

Repasa con el dedo los caminos que salen de cada prenda de vestir y descubrirás la inicial de su nombre. Algunas iniciales no corresponden a ninguna prenda.

J V M A P G R

RAZONAMIENTO

La mochila del colegio

¿Qué pondrías en la mochila del colegio?

GRAFOMOTRICIDAD   LÓGICA NUMÉRICA

¡Qué torres más altas!

Pinta las construcciones que ha hecho Dani con los mismos colores de los modelos. ¿Qué torre tiene menos piezas?

A   B

CUADRADO
TRIÁNGULO
RECTÁNGULO
CÍRCULO
ÓVALO

B

LÓGICA NUMÉRICA

Todos los 5

Busca cuántos 5 hay en este lío de números.

ATENCIÓN

10

ATENCIÓN

Mi colegio

Encuentra en esta clase y rodéalos: una máquina de tren, un abrigo azul, una niña pintando, un conejo de peluche, un títere de un cerdito, una mochila roja y naranja, una planta, una pecera, una pizarra, una vaca, una cocinita y una bufanda verde.

RAZONAMIENTO

Lo que falta

Observa los grupos de elementos de la izquierda y señala qué elemento de la derecha falta.

GRAFOMOTRICIDAD

Figuras geométricas

Dibuja un cuadrado, un círculo y un triángulo siguiendo las flechas y repasando las líneas.

RAZONAMIENTO

Haciendo collares

Completa estos tres collares siguiendo el color y la forma de los elementos anteriores.

GRAFOMOTRICIDAD

RAZONAMIENTO

Dominó

Completa este dominó dibujando los objetos que faltan.

ESPACIO

Tangram

¿Qué grupos de piezas de la derecha necesitas para construir los animales de la izquierda?

ESPACIO

Clase de psicomotricidad

Jugamos con pelotas en el aula de psicomotricidad. ¿Dónde se sitúa cada pelota respecto al niño o niña que la tiene?

DELANTE
DETRÁS
ENTRE
ENCIMA
DEBAJO
CERCA
LEJOS

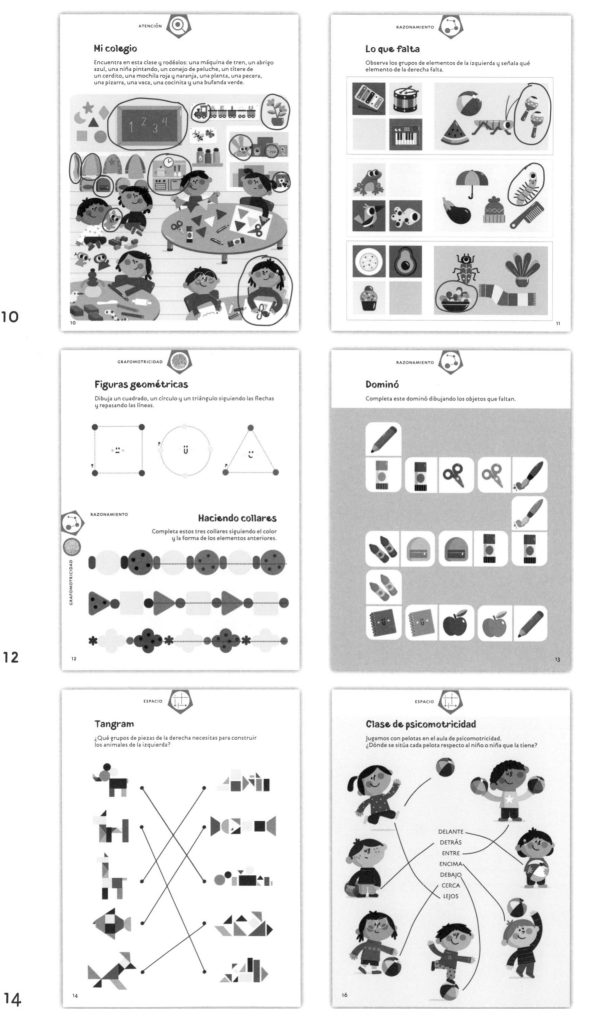

El patio del colegio

Ordena con un número estas viñetas y sabrás qué ha hecho Alma.

Los gatos de mi colegio

¡En el patio del colegio hay muchos gatos! Encuentra dos que sean iguales y rodéalos. Busca también los de color negro y los que tengan alguna mancha alrededor del ojo y rodéalos de otro color.

Un mosquito pesado

¡En el patio también hay mosquitos!
Repasa el camino que hace este al volar.

El comedor del colegio

Sitúa estos círculos en el lugar correcto para completar el comedor del colegio.

La fruta bien guardada

¿Dónde guardamos la fruta? Une cada grupo de frutas con el frutero donde están guardadas pasando por el número. Fíjate en el ejemplo.

7

3

6

5

4

El intruso

Encuentra y rodea el objeto intruso que hay en cada recuadro.

Herramientas

¿Cuáles de los objetos de la lista de debajo puedes ver en este dibujo?
Haz una marca dentro de las casillas de los que sean correctos.

✘ MARTILLO   ■ RAQUETA DE TENIS   ☐ PARAGUAS   ✘ REMO

Las vocales

Rodea todos los dibujos cuyo nombre empiece por una vocal.

LENGUAJE

12:05

23

Ascensión de globos

La fiesta continúa el día siguiente con una ascensión de globos aerostáticos. ¿Sabrías ordenarlos de mayor a menor?
Escribe un 1 en el más grande y un 5 en el más pequeño.

LÓGICA NUMÉRICA

③ ② ⑤ ④ ①

ATENCIÓN

Sombreritos

¿Qué dos sombreritos son iguales? Señálalos.

25

ATENCIÓN   RAZONAMIENTO

Fiesta infantil

¡La fiesta infantil está llena! Encuentra y rodea:

2 niñas con
3

1 niña con un
3

2 amarillos
1 niño cabeza
1 niña disfrazada de

1 niño que
6 niñas con   en el pelo
1 niño con   tapados

26

27

La rayuela

Escribe los números que se han borrado en esta rayuela.

LÓGICA NUMÉRICA

7 8
6
4 5
3
1 2

RAZONAMIENTO

Relaciones

Une con una línea los objetos que están relacionados.

28

ESPACIO

¡A pescar!

Dibuja un recorrido empezando por la salida y acabando por la llegada.
Tienes que seguir los dibujos en este orden: CAÑA – ANZUELO – PEZ.
Puedes ir hacia arriba, hacia abajo, a la derecha o a la izquierda.

SALIDA

LLEGADA

ATENCIÓN

Sombras

Relaciona cada animal con su sombra.

RAZONAMIENTO

ATENCIÓN

¿Quiénes son?

¿Qué animal se esconde detrás de cada agujero?

VACA

COCODRILO

JIRAFA

PEZ

LÓGICA NUMÉRICA

¡Cuántas patas!

Indica cuántas patas tienen estos animales.

4

0

2

6

2

4

2

0

8

ATENCIÓN

Muchas serpientes

Busca las 5 diferencias entre estos grupos de serpientes.

ESPACIO

Laberinto

¿Quién llegará al árbol?

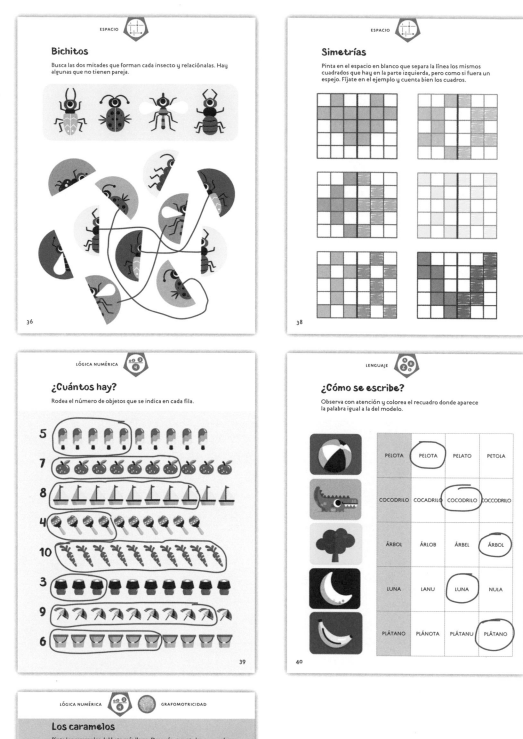

Bichitos

Busca las dos mitades que forman cada insecto y relaciónalas. Hay algunas que no tienen pareja.

Simetrías

Pinta en el espacio en blanco que separa la línea los mismos cuadrados que hay en la parte izquierda, pero como si fuera un espejo. Fíjate en el ejemplo y cuenta bien los cuadros.

¿Cuántos hay?

Rodea el número de objetos que se indica en cada fila.

5
7
8
4
10
3
9
6

¿Cómo se escribe?

Observa con atención y colorea el recuadro donde aparece la palabra igual a la del modelo.

PELOTA	PELOTA	PELATO	PETOLA
COCODRILO	COCADRILO	COCODRILO	COCCODRILO
ÁRBOL	ÁRLOB	ÁRBEL	ÁRBOL
LUNA	LANU	LUNA	NULA
PLÁTANO	PLÁNOTA	PLÁTANU	PLÁTANO

Los caramelos

Pinta los caramelos del bote más lleno. Después, cuenta los caramelos que has pintado y rodea el número.

12
10
13

La perrita de Lucía

¿Cómo se llama la perrita de Lucía? Escribe cada letra en la casilla que le corresponde y lo sabrás.

A R N I E

R E I N A

Las páginas 15, 17, 24, 31 y 37 no tienen solución, ya que se trata de actividades de creatividad.